Aldidente mini

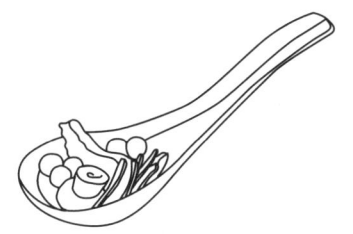

Aldidente mini
Die 55 besten Rezepte
Chinesisch

Zusammengestellt von Sabine Löffler

Eichborn.

Die Rezepte gelten für 4 Personen.

Die Zutaten für die Rezepte sind in der Regel bei ALDI erhältlich. Manche Artikel gibt es dort jedoch nur saisonal oder regional, gelegentlich auch unter abweichenden Markennamen. Ausgefallenere Zutaten bekommt man manchmal nur auf dem Markt, in Feinkostgeschäften oder in diesem Fall im Asialaden.

1 2 3 4 05 04 03

© Eichborn AG, Frankfurt am Main, Juli 2003
Umschlagillustration: Uschi Heusel
Lektorat: Judith Schneider
Satz und Layout: Christiane Hahn
Druck und Bindung: Fuldaer Verlagsagentur, Fulda
ISBN 3-8218-4827-8

Verlagsverzeichnis schickt gern:
Eichborn Verlag, Kaiserstr. 66, 60329 Frankfurt
www.eichborn.de

Inhaltsverzeichnis

Suppen
1. Klare Suppe mit Pilzen und Tofu
2. Eiersuppe mit Mu-Err-Pilzen
3. Chinesische Gemüsesuppe
4. Nudelsuppe mit Garnelen und Ei
5. Glasnudelsuppe
6. Chinakohlsuppe

Kleine Speisen
7. Hühnerspießchen mit Erdnuss-Sauce
8. Garnelenkugeln
9. Vegetarische Frühlingsrollen
10. Wan-Tans mit verschiedenen Füllungen
11. Glasnudelsalat mit Hackfleisch und Schrimps
12. Sojasprossensalat mit Krabben und Orangenfilets

Vegetarische Gerichte
13. Geschmortes Gemüse mit frittiertem Tofu
14. Schnelle Gemüsepfanne
15. Vegetarische Chinakohlrollen
16. Gemüsepfanne mit Mandeln
17. Scharfsaurer Weißkohl
18. Geschmorte Auberginen

Reis- und Nudelgerichte
19. Gebratener Reis mit Gemüse
20. Gebratener Gemüsereis mit Hühnerfleisch und Cashewkernen
21. Gebratene Schrimps-Ei-Nudeln
22. Gebratene Nudeln mit Gemüse
23. Chinesische Nudeln mit Hackfleischsauce

Gerichte mit Hühnerfleisch
24. Hähnchenbrust mit Sojasprossen
25. Geschnetzeltes Huhn
26. Hühnerfleisch süß-sauer
27. Gebackene Hühnerteilchen
28. Hühnerfleisch mit Gemüse

Gerichte mit Entenfleisch

29. Entenbrust in Pflaumensauce
30. Ente süß-sauer mit Früchten
31. Mariniertes Entenfleisch mit Gemüse
32. Ente mit Brokkoli und Cashewkernen
33. Entenbruststreifen mit Bambussprossen und Karotten

Gerichte mit Schweinefleisch

34. Schweinefleisch mit Gemüse
35. Geröstetes Schweinefleisch nach Kanton-Art
36. Schweinefleisch mit Tongu-Pilzen und Bohnen
37. Chop Suey
38. Süß-saures Schweinefleisch
39. Schweinefleisch mit Knoblauch und grünen Bohnen

Gerichte mit Rindfleisch

40. Rindfleisch mit Zwiebeln
41. Sauer-scharfes Rindfleisch mit Sojasprossen
42. Rindfleisch mit Gemüse
43. Hackfleischbällchen süß-sauer
44. Chinakohlrouladen
45. Rindfleisch mit Garnelen

Gerichte mit Fisch und Meeresfrüchten

46. Krabben mit Frühlingszwiebeln
47. Gebackenes Fischfilet
48. Zander im Sesammantel
49. Garnelen süß-sauer (scharf!)
50. Gebackener Karpfen mit Ingwersauce

Desserts

51. Gebratene Banane mit Kokosnuss und Kiwisauce
52. Gebackene Honig-Bananen
53. Mandelspeise
54. Gedünstete Apfelspalten mit Mangosauce
55. Mandarinencreme

1. Klare Suppe mit Pilzen und Tofu

- 50 g frittierter Tofu oder 1 Packung frischer Tofu (Reformhaus o. Asialaden)
- 5 EL getrocknete Mu-Err-Pilze (Asialaden)
- 800 ml Wasser
- 1 1/2 TL Salz
- 1 1/2 TL helle Sojasauce
- 2 Frühlingszwiebeln, fein gehackt
- 2 TL Sesamöl

Falls Sie keinen fertig frittierten Tofu erhalten, nehmen Sie frischen Tofu, den Sie in ca. 20 kleine Würfel schneiden und in heißem Pflanzenöl goldbraun frittieren, bis diese aufgegangen sind. Die Tofu-Würfel nun auf Küchenpapier legen und abtropfen lassen. Anschließend halbieren. Die Mu-Err-Pilze ca. 25 Minuten in Wasser einweichen und danach unter fließendem Wasser abspülen. Wasser in einem großen Topf zum Kochen bringen, das Salz, die Pilze und den Tofu hinzufügen. Die Suppe erneut aufkochen und nun die Sojasauce, die Frühlingszwiebeln und das Sesamöl dazugeben. Die Suppe 1 Minute kochen lassen, sofort servieren.

2. Eiersuppe mit Mu-Err-Pilzen

- 8 Eier
- 50 g getrocknete Mu-Err-Pilze (Asialaden)
- 250 g Chinakohl
- 3 g Salz
- Pflanzenöl
- 2 l Gemüsebrühe

Die Mu-Err-Pilze ca. 25 Minuten in Wasser einweichen. Das Einweichwasser abgießen. Die Eier verquirlen. Das Öl in einer Pfanne erhitzen und die Eier hineingießen, braten und danach zerkleinern. Nun die Brühe in einen Topf geben und zusammen mit den restlichen Zutaten aufkochen. Zum Schluss die gebratene Eimasse hinzufügen, kurz köcheln lassen und dann sofort servieren.

3. *Chinesische Gemüsesuppe*

- 80 g Glasnudeln (Asialaden)
- 2 kleine Karotten
- 1 Lauchstange
- 8 getrocknete Tongu-Pilze (Asialaden)
- 1 l klare Brühe
- 2 EL Sesamöl
- 2 EL helle Sojasauce
- Salz, Pfeffer und eine Msp. Sambal Oelek

Die Tongu-Pilze ca. 30 Minuten in Wasser einweichen. Das Einweichwasser abgießen. Die Nudeln in Wasser einweichen, dann mit einer Schere in kleine Stücke schneiden und zur Seite stellen. Die Stiele der Pilze entfernen, den Rest klein schneiden. Das geputzte Gemüse in feine Streifen schneiden. Nun das Öl in einer Pfanne oder in einem Wok erhitzen und das Gemüse und die Pilze darin andünsten. Die Brühe in einen Topf gießen und die Glasnudeln darin etwa 5 Minuten kochen. Das Gemüse, die Pilze und die restlichen Zutaten dazugeben und abschmecken.

4. Nudelsuppe mit Garnelen und Ei

- 4 getrocknete Tongu-Pilze (Asialaden)
- 250 g chinesische Nudeln (Asialaden)
- 1 l Hühnerbrühe
- 4 Garnelen
- 4 Eigelb
- 2 EL helle Sojasauce
- Salz
- 1 in Streifen geschnittene Frühlingszwiebel

Die Tongu-Pilze ca. 30 Minuten in Wasser einweichen. Das Einweichwasser abgießen. Die Pilze von den Stielen befreien und die Hüte in feine Streifen schneiden. Die Nudeln in kochendes Salzwasser geben und gar kochen. Abgießen und abtropfen lassen. Die Garnelen schälen und den Darm entfernen. Die Nudeln nun in 4 Suppenschalen verteilen, die Garnelen und die Pilzstreifen obendrauf setzen. Mit kochend heißer Brühe auffüllen, die Sojasauce hineinträufeln und jeweils ein Eigelb hineingleiten lassen. Die Suppe mit Frühlingszwiebel garnieren.

5. Glasnudelsuppe

- 500 g Rindfleischknochen
- 250 g Hühnerklein
- 2 l Wasser
- 100 g Glasnudeln (Asialaden)
- 25 g getrocknete Morcheln (Asialaden)
- 2 kleine Karotten
- 1 Bund Lauch
- 1 kleines Stück Ingwerwurzel
- 1 Knoblauchzehe
- 1/2 rote Paprika
- 100 g Bambussprossen (Asialaden)
- 100 g Sojabohnenkeimlinge aus der Dose (Asialaden)
- 3 EL Sojasauce
- Salz, Pfeffer, Sambal Oelek

Morcheln 10 Minuten in heißem Wasser einweichen. Rindfleischknochen, Hühnerklein, Wasser und das Salz zum Kochen bringen und eine Stunde kochen lassen. Glasnudeln ein paar Minuten in heißem Wasser einweichen, in ein Sieb gießen und abtropfen lassen. Die eingeweichten Morcheln mit kaltem Wasser abwaschen, die Stiele entfernen und den Rest in dünne Streifen schneiden. Den geschälten Ingwer und die geputzten Karotten in feine Scheiben, den Lauch in Ringe schneiden. Die Paprika in dünne Streifen schneiden. Die Fleischknochen aus dem Wasser herausnehmen und zur Seite legen. Nun das Gemüse, die Bambussprossen und die Sojabohnenkeimlinge in das verbliebene Wasser geben und ca. 15 Minuten köcheln lassen. Das Fleisch von den Knochen lösen, klein schneiden und in die Suppe geben. Die Glasnudeln mit einer Küchenschere klein schneiden und ebenfalls in die Suppe geben. Die Glasnudelsuppe nun mit den Gewürzen abschmecken.

6. Chinakohlsuppe

- 300 g Chinakohl
- 5 getrocknete Tongu-Pilze (Asialaden)
- 1 l Wasser
- 2 EL Pflanzenöl
- 3 TL Salz
- 1 EL Reiswein (Asialaden)
- 1 TL Sesamöl (Asialaden)

Pilze ca. 30 Minuten in warmen Wasser einweichen, dann von den Stielen befreien und in dünne Scheiben schneiden. Das verbliebene Wasser zur Seite stellen. Den Chinakohl waschen und in Streifen schneiden. Öl in eine Pfanne oder einen Wok geben und heiß werden lassen. Die Pilze und den Chinakohl in das heiße Öl geben und gut umrühren. Nun das Wasser, das Salz und den Reiswein dazugeben und zum Kochen bringen. Zum Schluss das Sesamöl hinzufügen und sofort servieren.

7. Hühnerspießchen mit Erdnuss-Sauce

- 250 g Hühnerfleisch
- lange Holzspieße

FÜR DIE MARINADE:
- 2 EL Sojasauce
- 2 TL Zitronensaft
- 2 TL Reiswein (Asialaden)
- 2 Prisen Salz, 2 TL Zucker
- 2 EL Erdnussbutter
- 2 TL Speisestärke

FÜR DIE SAUCE:
- 4 EL Sojasauce
- 1 EL Reiswein
- Salz, 2 TL Zucker
- 4 EL Erdnussbutter
- 2 TL geriebene Ingwerwurzel
- 2 Knoblauchzehen
- 1-2 rote Chilischoten
- 1 EL Sesamöl (Asialaden)
- 5 EL Wasser
- 1 TL Speisestärke
- Öl zum Braten

Das Fleisch in 5 cm lange Streifen schneiden. Die Zutaten für die Marinade vermischen und das Fleisch ca. eine halbe Stunde marinieren. Die Fleischstücke auf die Holzspieße stecken. Öl in der Pfanne erhitzen und die Spieße darin braten, bis sie schön braun sind. Aus der Pfanne nehmen und warm stellen. Für die Sauce die Erdnussbutter, eine Prise Salz, Zucker, Sesamöl, Wasser und Speisestärke gut verrühren. Beiseite stellen. Die Knoblauchzehen und die Chilischoten sehr fein zerkleinern und in heißem Öl mit dem Ingwer anbraten. Reiswein dazugeben. Die Erdnuss-Sauce dazugeben und alles etwa 3-5 Minuten kochen. Die Sauce soll nicht zu sehr eindicken, evtl. noch Wasser dazugeben. Die Spieße auf Tellern anrichten und mit der heißen Sauce übergießen. Sofort servieren.

8. *Garnelenkugeln*

- **400 g Garnelenfleisch**
- **50 g Schweinehackfleisch**
- **1 Ei**
- **50 g Brunnenkresse**
- **2 EL Reiswein** (Asialaden)
- **2 EL Austernsauce** (Fertigprodukt Asialaden)
- **1 TL Salz**
- **1 TL Zucker**
- **5 EL Speisestärke**
- **Pflanzenöl**

Die Garnelen und die Brunnenkresse sehr fein hacken und in einer Schüssel mit dem Hackfleisch, dem Reiswein, der Austernsauce und dem Ei gut vermengen. Mit Salz und Zucker würzen und mit der Speisestärke binden. Kleine Bällchen formen und im heißen Öl ausbacken, bis sie schön braun sind.

9. Vegetarische Frühlingsrollen

- 12 tiefgekühlte Frühlingsrollenblätter (Spring-Roll-Pastry, Asialaden)

FÜR DIE FÜLLUNG:
- 2 EL Sesamöl (Asialaden)
- 4 Frühlingszwiebeln
- 100 g Bambussprossen aus dem Glas (Asialaden)
- 150 g Sojasprossen, frisch oder aus dem Glas (Asialaden oder Gemüsehändler)
- 150 g Karotten
- 1 Knoblauchzehe
- 2 EL Sojasauce
- Salz, 1/2 TL Zucker
- 1 EL Reiswein (Asialaden)
- Öl zum Frittieren
- Chilisauce oder süßsaure Sauce (Fertigprodukt Asialaden)

Teighüllen auftauen. Das Gemüse putzen. Die Frühlingszwiebeln und die Bambussprossen längs in dünne Streifen schneiden. Die Karotten fein raspeln. Den Knoblauch zerdrücken oder fein hacken. Öl in der Pfanne erhitzen. Den Knoblauch kurz anbraten, Gemüse dazugeben und dünsten. Die Sojasauce, den Zucker und das Salz unterrühren. Das Gemüse köcheln lassen, bis alle Flüssigkeit verdampft ist. Die Masse erkalten lassen. Je 2 EL Füllung auf die Mitte einer Teigplatte geben, Teig von der Längsseite über die Füllung klappen, die Seiten darüber schlagen und daumenkurze Röllchen formen. Teigrand mit Wasser festkleben. Rollen portionsweise im heißen Öl in ca. 4 Minuten goldgelb frittieren. Mit der Chilisauce servieren.

KLEINE SPEISEN

10. Wan-Tans mit verschiedenen Füllungen

Klassisch

- 16 Wan-Tan-Blätter (10 x 10 cm, tiefgekühlt, Asialaden)
- 200 g Hähnchenbrust
- 1 Karotte
- 2 Frühlingszwiebeln
- 1 Msp. Chilipulver
- 2 EL Sojasauce
- 1 TL Sesamöl (Asialaden)
- 1 TL Speisestärke
- Salz, schwarzer Pfeffer
- 1 Eigelb
- 1 Eiweiß
- Öl zum Frittieren

Wan-Tan-Blätter auftauen lassen.
Das Fleisch sehr fein hacken oder mit einem Blitzhacker grob pürieren. Die Frühlingszwiebeln und die Karotte sehr fein hacken. Fleischmasse und Gemüse mit Speisestärke, Eigelb, Chilipulver, Sojasauce und Sesamöl gut miteinander vermengen. Salzen und pfeffern. Je einen Teelöffel auf die Teigquadrate geben. Das Eiweiß verquirlen und die Teigränder damit bepinseln. Wan-Tans zu einem Dreieck zusammenklappen. Das Öl in einer Pfanne oder einem Topf erhitzen und die Wan-Tans darin goldbraun ausbacken. Heiß servieren.

Garnelenfüllung für Wan-Tans

- 200 g Garnelenfleisch
- 50 g Speck
- 2 EL Erdnussöl
- 2 EL Austernsauce (Fertigprodukt Asialaden)

Garnelenfleisch und Speck sehr fein hacken. Das Erdnussöl in einem Topf oder einer Pfanne erhitzen und das Fleisch darin anbraten. Austernsauce und Reiswein dazugeben. Von der Flamme nehmen und erkalten lassen.

- 2 TL Reiswein (Asialaden)
- 50 g Bambussprossen aus dem Glas (Asialaden)
- 1 Frühlingszwiebel
- 1 TL frisch geriebener Ingwer
- 1 TL Speisestärke
- 1 Prise Zucker
- 1 Prise Salz, frisch gemahlener Pfeffer

Die geputzte Frühlingszwiebel und die Bambussprossen ebenfalls fein hacken. Die Garnelen-Speck-Masse mit dem Gemüse, der Speisestärke, dem Zucker, Salz und Pfeffer vermengen.

Hackfleischfüllung für Wan-Tans

- 4 EL Sesamöl
- 250 g Hackfleisch
- 2 Lauchzwiebeln
- 2 Knoblauchzehen
- Salz, Pfeffer aus der Mühle
- 2 TL Sojasauce
- 1 TL Chiliöl
- 1 TL Speisestärke

Die Lauchzwiebeln putzen und in sehr feine Längsstreifen schneiden. Knoblauch schälen und mit etwas Salz zerdrücken. Das Sesamöl in einer Pfanne erhitzen und das Hackfleisch darin anbraten. Lauchzwiebeln und Knoblauch dazugeben und gut verrühren. Sojasauce und Chiliöl mit der Speisestärke verrühren, unter das Hackfleisch ziehen, gut verrühren und die Füllung erkalten lassen.

11. Glasnudelsalat mit Hackfleisch und Schrimps

- 150 g Glasnudeln (Asialaden)
- 150 g Hackfleisch
- 100 g gekochte Shrimps
- 1 Knoblauchzehe
- 2 Frühlingszwiebeln
- 2 EL Sesamöl (Asialaden)
- 1 Tomate
- 100 g Salatgurke
- 2 kleine rote Chilischoten
- 4 EL Limettensaft
- 2 EL Fischsauce (Fertigprodukt Asialaden)
- Salz, Pfeffer aus der Mühle
- 1 Kopfsalat
- 2 EL frisch gehackter Koriander (Gemüsehändler)

Die Glasnudeln mit kochendem Wasser übergießen und einweichen lassen. Den Knoblauch schälen und fein hacken. Die Frühlingszwiebeln putzen und in feine Ringe schneiden. Sesamöl in einer Pfanne erhitzen und den Knoblauch und die Frühlingszwiebeln darin dünsten. Hackfleisch dazugeben und gut anbraten. In eine Schüssel füllen. Tomate waschen, Gurke schälen und beides in kleine Würfel schneiden. Chilischoten entkernen und in feine Ringe schneiden. Hackfleisch mit dem Gemüse und den Shrimps vermischen. Die Glasnudeln mit einer Küchenschere in etwa 5 cm lange Stücke schneiden und unter den Salat heben. Den Limettensaft mit der Fischsauce, Salz und Pfeffer zu einer Sauce verrühren, unter den Salat mischen. Auf den Salatblättern portionsweise anrichten und mit dem Koriander bestreuen.

12. Sojasprossensalat mit Krabben und Orangenfilets

- 1 Glas **Sojasprossen** (Asialaden)
- 2 **Orangen**
- 250 g **Chicorée**
- 100 g **Krabbenfleisch**, frisch oder als Fertigprodukt

FÜR DIE SAUCE:
- 2 EL **Créme fraîche**
- 8 EL **süße Sahne**
- 2 EL **Tomatenketchup**
- schwarzer Pfeffer
- 2 EL **Walnusskerne**

Die Sojasprossen in ein Sieb geben, abwaschen und abtropfen lassen. Orangen schälen – Es darf keine weiße Haut mehr vorhanden sein. Orangen filetieren. Chicorée putzen, den festen Keil entfernen und das Übrige in feine Ringe schneiden. Die Sojasprossen mit den Orangenfilets, dem Chicorée und dem Krabbenfleisch mischen. Für die Sauce die Sahne, Créme fraîche und Ketchup verrühren, mit Pfeffer abschmecken und über den Salat gießen. Die Walnusskerne hacken und über den Salat geben.

13. Geschmortes Gemüse mit frittiertem Tofu

- 500 g Tofu (Reformhaus oder Asialaden)
- Öl zum Frittieren
- 6 getrocknete Mu-Err-Pilze (Asialaden)
- 2 Karotten
- 200 g Brokkoli
- 2 Frühlingszwiebeln
- 6 EL Öl
- 1 EL Salz
- 1 TL Zucker
- 2 EL Sojasauce
- 2 EL Reiswein (Asialaden)
- 1 TL Speisestärke
- 1 EL Wasser
- 2 TL Sesamöl (Asialaden)

Die Mu-Err-Pilze dreizig Minuten in heißem Wasser einweichen. Den Tofu in mundgerechte Stücke schneiden. Öl in einer Pfanne erhitzen und den Tofu darin goldbraun frittieren, zur Seite stellen. Den Brokkoli in größere Röschen aufteilen, die Karotten in schräge Streifen schneiden. Die Pilze ausdrücken, in der Mitte durchschneiden, die harten Stiele entfernen. Das Einweichwasser aufheben. Die Frühlingszwiebeln in Scheiben schneiden. 6 EL Öl in einem Topf erhitzen, den Brokkoli, Frühlingszwiebeln und die Karotten darin unter Rühren ein paar Minuten garen. Tofu, Pilze, Salz, Zucker, Sojasauce, Pilzfond und Reiswein dazugeben, umrühren und aufkochen lassen. Das Ganze zugedeckt ca. 10 Minuten bei schwacher Hitze köcheln lassen. Speisestärke mit Wasser verrühren und unter das Gemüse rühren. Bei starker Hitze nochmals aufkochen lassen. Topf vom Herd nehmen und mit Sesamöl beträufeln. Sofort servieren.

Dazu passt Reis.

VEGETARISCHE GERICHTE

14. *Schnelle Gemüsepfanne*

- 150 g Karotten
- 1 rote Paprika
- 150 g Chinakohl
- 100 g Kaiserschoten (Gemüsehändler oder Supermarkt)
- 100 g Champignons
- 3 EL Sesamöl (Asialaden)
- 1 TL Salz
- 1 TL Zucker
- 1 EL Wasser
- 1 EL Sesamsamen

Chinakohl, Karotten und Pilze in Scheiben schneiden. Kaiserschoten waschen und eventuell halbieren. Entkernte Paprika in Stücke schneiden. Öl in einer Pfanne erhitzen und das Gemüse unter Rühren eine Minute braten. Wasser, Salz und Zucker dazugeben und eine weitere Minute braten. Das Gemüse soll bissfest sein. Zum Schluss die Sesamsamen unterrühren. Mit Reis servieren.

15. Vegetarische Chinakohlrollen

- 4 Chinakohlblätter
- 6 EL Sojasauce
- 1 Tasse Wasser

FÜR DIE FÜLLUNG:
- 1 Zwiebel
- 2 Frühlingszwiebeln
- 3 Karotten
- 100 g frische Sojasprossen (Asialaden oder Gemüsehändler)
- 100 g Champignons
- 3 EL Pflanzenöl
- 3 EL Sojasauce
- 100 g gekochter Reis

ZUM SCHMOREN:
- 4 EL Pflanzenöl
- 1/8 l Gemüsebrühe
- 1/8 l Wasser

Das Wasser mit der Sojasauce zum Kochen bringen. Die Chinakohlblätter darin kurz blanchieren, herausnehmen und mit kaltem Wasser abschrecken. Die Sojasprossen waschen und abtropfen lassen. Das übrige Gemüse putzen. Die Zwiebel und die Pilze halbieren und in feine Scheiben schneiden. Das Dunkelgrüne der Frühlingszwiebeln entfernen. Frühlingszwiebeln und Karotten längs in sehr dünne Streifen schneiden. Das Öl in einer Pfanne erhitzen und die Zwiebelscheiben darin anbraten. Karotten und Frühlingszwiebeln dazugeben, umrühren und mit der Sojasauce ablöschen. Dann die Pilze und die Sojasprossen in die Pfanne geben. Das Gemüse so lange kochen, bis kaum noch Saft vorhanden ist. Den Reis dazugeben, alles gut vermischen und abkühlen lassen. Die Chinakohlblätter ausbreiten und die Füllung auf ihnen verteilen, zusammenrollen und mit Küchenfaden zusammenbinden. In einen breiten Topf das Öl geben, die Chinakohlrollen hineinlegen und anbraten, bis sie braun sind. Mit dem Wasser und der Brühe ca. 15 Minuten zugedeckt schmoren lassen. Die Chinakohlrollen mit Reis servieren.

16. Gemüsepfanne mit Mandeln

- 1 rote, 1 gelbe Paprika
- 300 g Brokkoli
- 1 Lauchstange
- 100 g geschälte Mandelstifte
- 100 g Endiviensalat
- 1 Knoblauchzehe
- 1 Stück frischer Ingwer
- 5 EL Pflanzenöl
- 3 EL Sojasauce
- 4 EL Reiswein (Asialaden)
- 125 ml Gemüsebrühe
- 1 TL Speisestärke
- 2 EL Wasser
- Salz, Pfeffer

Die geputzte, entkernte Paprika in dünne Streifen schneiden. Den Lauch waschen und in Ringe schneiden. Den Brokkoli in Röschen teilen. Den Endiviensalat waschen und in Streifen schneiden. 1 EL Öl in der Pfanne erhitzen und die Mandeln darin anrösten, aus der Pfanne nehmen und zur Seite stellen. Die Knoblauchzehe und den Ingwer schälen und beides fein hacken. Das restliche Öl in der Pfanne erhitzen. Knoblauch und Ingwer darin kurz anbraten. Das Gemüse dazugeben, kurz umrühren und mit der Brühe, dem Reiswein und der Sojasauce aufgießen. Unter Rühren etwa 6 Minuten kochen lassen. Speisestärke mit Wasser verrühren und zu dem Gemüse geben, einmal aufkochen lassen und mit Salz und Pfeffer abschmecken. Die Mandeln unterheben und das Gemüse mit Reis servieren.

VEGETARISCHE GERICHTE

17. Scharfsaurer Weißkohl

- 800 g Weißkohl
- 10 schwarze Pfefferkörner
- 5 kleine getrocknete rote Chilischoten
- 4 EL Öl
- 3 EL Sojasauce
- 2 EL Essig
- 2 EL Zucker
- 2 EL Salz
- 2 TL Sesamöl

(Asialaden)

Der Weißkohl sollte hellgrün und fest geschlossen sein. Lose Außenblätter nicht verwenden. Den Kohl in kaltem Wasser waschen und die Blätter in streichholzschachtelgroße Stücke schneiden. Chilischoten klein hacken.Essig mit Sojasauce, Zucker und Salz verrühren. Das Öl in einer Pfanne erhitzen, bis es raucht. Zuerst die Chilischoten und die Pfefferkörner in die Pfanne geben. Nach wenigen Sekunden den Kohl unterrühren und etwa 2 Minuten garen. Die Sauce dazugeben und gut verrühren. Das Sesamöl dazugeben und das Gemüse sofort servieren.

18. *Geschmorte Auberginen*

- 4 große Auberginen
- Öl zum Frittieren
- 2 Frühlingszwiebeln
- 2 Knoblauchzehen
- frische Ingwerwurzel, ca. 2 cm
- 2 EL Sojasauce
- 5 EL Erdnussöl
- 2 TL Zucker
- 1/2 TL Salz

Die Auberginen vierteln und in dickere Stücke schneiden. Das Öl zum Frittieren in einem Wok oder in einer Pfanne erhitzen und die Auberginen darin 3 Minuten frittieren. Auf Küchenpapier abtropfen lassen und zur Seite stellen. Frühlingszwiebeln in feine Scheiben schneiden, den geschälten Knoblauch und Ingwer fein hacken. Erdnussöl erhitzen, Knoblauch, Ingwer und Frühlingszwiebel darin unter Rühren anbraten. Die Auberginen dazugeben und nochmals umrühren. Mit Sojasauce, Zucker und Salz würzen. Das Gemüse so lange dünsten, bis kaum noch Flüssigkeit vorhanden ist. Heiß servieren.

19. Gebratener Reis mit Gemüse

- 2 Frühlingszwiebeln
- 1 grüne und eine rote Paprikaschote
- 100 g Bambussprossen aus der Dose (Asialaden)
- 50 g Zuckerschoten
- 100 g Champignons
- 2 Eier
- 2 TL Salz
- 5 EL Pflanzenöl
- 500 g Reis
- 2 EL Sojasauce

Den Reis nach Packungsanleitung kochen und zur Seite stellen. Das Gemüse putzen, die Paprikaschoten entkernen. Frühlingszwiebeln fein hacken. Bambussprossen in ein Sieb geben und abtropfen lasen. Paprika, Bambussprossen und Pilze in Würfel schneiden. Die Zuckerschoten im Ganzen verwenden. Die Eier mit der Hälfte der Frühlingszwiebeln und etwas Salz verquirlen. 3 EL Öl in einer Pfanne erhitzen. Die restlichen Frühlingszwiebeln anbraten, dann das übrige Gemüse dazugeben und unter Rühren garen. Das Gemüse aus der Pfanne nehmen und zur Seite stellen. Das restliche Öl in der Pfanne erhitzen, die Eimasse stocken lassen und zerkleinern. Reis, Gemüse, Sojasauce und Salz dazugeben und gut vermischen. Sofort servieren.

20. Gebratener Gemüsereis mit Hühnerfleisch und Cashewkernen

- 350 g Reis
- 150 g Hühnerfleisch
- 2 kleine Karotten
- 1 Bund Frühlingszwiebeln
- 1 kleine Zucchini
- 1 rote Paprikaschote
- 5 EL Erdnussöl
- 100 g grüne TK-Erbsen
- 100 g Cashewkerne
- 4 EL Austernsauce (Fertigprodukt Asialaden)
- Salz, schwarzer Pfeffer

Den Reis nach Packungsanleitung kochen. Das Hühnerfleisch in kleine Würfel schneiden. Das Gemüse putzen und ebenfalls in kleine Würfel schneiden. Die Frühlingszwiebeln in feine Ringe schneiden. 3 EL Erdnussöl in einer Pfanne erhitzen. Das Fleisch darin anbraten, bis es Farbe angenommen hat. Die Cashewkerne dazugeben und ca. 1 Minute umrühren. Aus der Pfanne nehmen und zur Seite stellen. Das restliche Öl in der Pfanne heiß werden lassen und das Gemüse darin unter Rühren garen. Das Fleisch mit den Cashewkernen dazugeben und mit Salz, Pfeffer und der Austernsauce abschmecken. Zum Schluss den Reis mit dem Gemüse vermischen und nochmals 1 Minute garen. Sofort servieren.

21. Gebratene Schrimps-Ei-Nudeln

- 4 Stck. Schrimps-Ei-Nudeln (Fertigprodukt Asialaden)
- 200 g Shrimps
- 1 Zwiebel
- 1 rote Paprika
- 100 g Champignons
- 1 Frühlingszwiebel
- 2 EL Sojasauce
- Salz
- 1 EL Reiswein (Asialaden)
- 2 EL Austernsauce (Asialaden)
- Chiliöl und oder Pflanzenöl, je nachdem, wie scharf es sein soll
- 1 EL Speisestärke

Die Nudeln in heißem Wasser 20-30 Minuten einweichen lassen, danach in einem Sieb abtropfen lassen. Die Shrimps pfeffern und etwas salzen und in heißem Öl anbraten. Gemüse putzen und klein schneiden. Öl in einer Pfanne erhitzen und das Gemüse mit der Sojasauce und dem Reiswein anbraten, zur Seite stellen. Nochmals etwas Öl in der Pfanne erhitzen, die Nudeln darin durchbraten und mit der Austernsauce vermengen. Danach das Gemüse und die Shrimps zugeben und 3-5 Minuten braten. Heiß servieren.

22. Gebratene Nudeln mit Gemüse

- 250 g getrocknete chinesische Nudeln (Asialaden)
- 100 g Bambussprossen, aus der Dose
- 100 g frische Sojasprossen (Gemüsehändler)
- 1 Frühlingszwiebel
- 2 Karotten
- 4 EL Öl
- 1 TL Salz
- 2 EL helle Sojasauce
- 2 TL Sesamöl (Asialaden)

Die Nudeln entsprechend der Packungsanleitung zubereiten und dann in einem Sieb abtropfen lassen. Die Bambussprossen in feine Stifte schneiden. Das übrige Gemüse putzen. Die Karotten längs in der Mitte durchschneiden und schräg in dünne Scheiben schneiden. Die Frühlingszwiebel ebenfalls in Scheiben schneiden. 2 EL Öl in einer Pfanne oder einem Wok stark erhitzen. Die Nudeln mit der Hälfte der Frühlingszwiebeln sowie 1 EL Sojasauce unter Rühren braten. Jedoch nicht zu lange, da die Nudeln sonst matschig werden. Herausnehmen und warm stellen. Das restliche Öl in der Pfanne erhitzen und das Gemüse darin unter Rühren garen. Salz, restliche Sojasauce und eventuell etwas Wasser dazugeben. Sobald die Sauce zu kochen beginnt, das Sesamöl dazugeben und gut umrühren. Die Nudeln auf einer Platte oder einem großen Teller anrichten und mit der Sauce begießen.

23. Chinesische Nudeln mit Hackfleischsauce

- 6 getrocknete chinesische Pilze
- 500 g chinesische Nudeln aus Weizenmehl (Asialaden)
- 1 Zwiebel
- 1 Karotte
- 100 g Sellerie
- 1 Lauchstange
- 5 EL Pflanzenöl
- 250 g Hackfleisch
- 1 kleines Stück Ingwer
- 2 EL helle Sojasauce
- 2 EL Hoisinsauce (Fertigprodukt Asialaden)
- 1 Tasse Gemüsebrühe
- 1 EL Speisestärke
- 1 TL Salz
- 1/2 TL Chiliöl

Die Pilze in heißem Wasser 30 Minuten einweichen. Die Nudeln nach Packungsanleitung kochen und zur Seite stellen. Die eingeweichten Pilze ausdrücken, harte Stiele entfernen und in Streifen schneiden. Das Gemüse entsprechend putzen. Sellerie, Zwiebel und Karotte in feine Würfel, Lauch in dünne Ringe schneiden. Den Ingwer schälen und sehr fein hacken oder reiben. Das Pflanzenöl in einer Pfanne erhitzen und das Hackfleisch stark anbraten. Das Gemüse dazugeben und unter Rühren garen. Die Sojasauce, den Ingwer und die Hoisinsauce dazugeben und gut vermischen. Die Gemüsebrühe mit der Stärke verrühren und zu der Fleischsauce geben. Mit Salz und Chiliöl abschmecken. Die Nudeln dazugeben und etwa 2 Minuten unter ständigem Rühren mitkochen. Sofort servieren.

24. Hähnchenbrust mit Sojasprossen

- 500 g Hähnchenbrustfilet
- FÜR DIE MARINADE:
- 2 EL Speisestärke
- 2 EL helle Sojasauce
- 1 EL Zucker
- 1-2 EL Reiswein (Asialaden)
- AUSSERDEM:
- 600 g frische Sojasprossen (Gemüsehändler)
- 1 kleines Stück Ingwer
- 1-2 Knoblauchzehen
- 2 EL Sesamöl (Asialaden)
- 1 TL Zucker
- 1 Prise Salz

Die Zutaten für die Marinade gut verrühren. Die Hähnchenbrust in mundgerechte Stücke schneiden und in die Marinade geben. Verrühren und ca. eine Stunde zugedeckt ziehen lassen. Knoblauch und geschälten Ingwer fein hacken, die Sojasprossen waschen und gut abtropfen lassen. Öl in der Pfanne oder dem Wok erhitzen. Knoblauch und Ingwer darin anbraten. Das Fleisch mit der Marinade dazugeben und einige Minuten umrühren. Das Fleisch muss weiß werden. Nun die Sojasprossen hinzufügen und 2 Minuten kochen lassen, mehrmals umrühren. Mit dem Zucker und dem Salz abschmecken. Dazu passt chinesischer oder Basmatireis.

25. Geschnetzeltes Huhn

- 500 g Hähnchenbrustfilet
- 1 EL Speisestärke
- 1 EL helle Sojasauce
- 2 EL Reiswein (Asialaden)
- 4 EL Sesamöl (Asialaden)
- 3 Frühlingszwiebeln
- 1 kleines Stück Ingwer
- 150 g Bambussprossen (aus der Dose, Asialaden)
- 2 Karotten

Das Fleisch in sehr dünne Streifen schneiden. Die Speisestärke mit einem Löffel Sojasauce und dem Reiswein verrühren, über das Fleisch geben und ca. 30 Minuten ziehen lassen. Den geschälten Ingwer ganz fein hacken, die Frühlingszwiebeln in dünne Scheiben schneiden. Die Bambussprossen und die Karotten in sehr feine Stifte schneiden. 3 EL Sesamöl in einer Pfanne oder einem Wok erhitzen und das Fleisch darin unter Rühren solange anbraten, bis es weiß geworden ist. Herausnehmen und zur Seite stellen. 1 EL Sesamöl in der Pfanne erhitzen. Zuerst die Karotten andünsten, nach und nach das restliche Gemüse dazugeben, bis es gar ist. Das Fleisch und die restliche Sojasauce dazugeben und einmal aufkochen lassen. Sofort servieren.

26. Hühnerfleisch süß-sauer

- 2 Hühnchenbrustfilets à 250 g
- 3 EL Sesamöl (Asialaden)
- Salz, frisch gemahlener Pfeffer
- 1 Zwiebel
- 1 kleine rote Chilischote
- 1 rote, 1 grüne Paprikaschote
- 3 Scheiben Ananas aus der Dose
- 2 TL Tomatenmark
- 3 EL helle Sojasauce
- 3 EL Essig
- 1/4 l Hühnerbrühe
- 2 EL Speisestärke
- 1 TL brauner Zucker

Das Fleisch in mundgerechte Stücke schneiden, salzen und pfeffern. Das Öl in einer Pfanne oder einem Wok erhitzen und das Fleisch darin gut anbraten, herausnehmen und zur Seite stellen. Die Chilischote in sehr feine Ringe schneiden. Die Zwiebel, die Paprikaschoten und die Ananasscheiben in Würfel schneiden und alles zusammen in dem übrig gebliebenen Fett gut umrühren. Das Tomatenmark mit der Sojasauce, dem Essig, der Hühnerbrühe und der Speisestärke verrühren und mit dem Fleisch zu dem Gemüse geben. Mit Salz, Pfeffer und dem braunen Zucker abschmecken.

27. Gebackene Hühnerteilchen

- 16 Stück Hühnerklein
- 2 Knoblauchzehen
- 1 kleines Stück Ingwer
- 2 TL Bohnenpaste (Fertigprodukt Asialaden)
- 3 EL Mango-Chutney (Fertigprodukt Asialaden)
- Salz
- 1 EL Reiswein (Asialaden)
- 2 EL helle Sojasauce
- 2 EL Speisestärke

ZUM PANIEREN:
- 2 Eier
- 1 tiefer Teller Paniermehl
- Öl

Knoblauch und Ingwer durch die Knoblauchpresse drücken oder sehr fein hacken. Mit der Bohnenpaste, dem Chutney, dem Reiswein, der Sojasauce, etwas Salz und der Speisestärke verrühren und die Hühnchenteile darin etwa 1 Stunde zugedeckt marinieren. Die Eier verquirlen und die Hühnchenteile zuerst in der Eimasse und dann im Paniermehl wenden. Das Öl in einer hohen Pfanne sehr heiß werden lassen und die Hühnchenteile darin gold-braun ausbacken.

28. Hühnerfleisch mit Gemüse

- 2 Hühnerbrüstchen
- 5 EL helle Sojasauce
- 2 EL Reiswein (Asialaden)
- 1 TL Zucker
- 1 kleines Stück Ingwer
- 3 EL Sesamöl (Asialaden)
- 200 g Staudensellerie
- 100 g Karotten
- 1 Gemüsezwiebel
- 1 grüne Paprikaschote
- 1 rote Chilischote
- 1 Knoblauchzehe
- 5 EL Sesamöl

Fleisch in mundgerechte Stücke schneiden. Mit Reiswein, Zucker, Sojasauce, fein gehacktem Ingwer und dem Sesamöl vermischen und 1 Stunde ziehen lassen. Das geputzte Gemüse in feine Streifen schneiden. Den Knoblauch fein hacken und die Chilischote in sehr feine Ringe schneiden. In einer Pfanne oder einem Wok 2 EL Sesamöl heiß werden lassen und den Knoblauch und die Chilischote darin anbraten. Das Gemüse dazugeben und etwa 2 Minuten gut umrühren, dann herausnehmen. Das restliche Öl in der Pfanne erhitzen und das Fleisch mit der Marinade braten, bis das Fleisch gar ist. Das Gemüse zu dem Fleisch geben und gut vermischen.

GERICHTE MIT HÜHNERFLEISCH

29. Entenbrust in Pflaumensauce

- 2 Entenbrustfilets à 250 g
- 4 EL Reiswein (Asialaden)
- 1 Knoblauchzehe
- 1 kleines Stück Ingwer
- 2 kleine rote Chilischoten
- frisch gemahlener Pfeffer
- 2 EL Pflaumenmus
- 1 TL Speisestärke
- 180 ml Wasser
- Pflanzenöl
- 1 Prise Zucker
- Salz
- 2 EL Reisweinessig (Asialaden)

Das Fleisch mit der Haut in kleine Würfel schneiden und in 2 EL Reiswein und etwas gemahlenem Pfeffer ca. 10 Minuten marinieren. Den Knoblauch und den Ingwer schälen und sehr fein hacken. Die Chilischoten in sehr dünne Ringe schneiden. Die Speisestärke, das Pflaumenmus, 2 EL Reiswein und das Wasser miteinander verrühren. Das Öl in der Pfanne oder einem Wok erhitzen, das Fleisch darin anbraten und dann herausnehmen. Nun den Ingwer, die Chilischoten und den Knoblauch anbraten und die Pflaumensauce hinzufügen, aufkochen lassen und dann das Fleisch und den Essig dazugeben, mit Zucker und Salz abschmecken.

30. Ente süß-sauer mit Früchten

- 500 g Entenfleisch
- 4 EL Sesamöl
- 1 Zwiebel
- 1 Knoblauchzehe
- 1 Frühlingszwiebel
- 1/2 Honigmelone
- 10 Lychees, frisch oder aus der Dose (Asialaden)
- 3 Scheiben Ananas, frisch oder aus der Dose
- 2 EL Hoisinsauce (Asialaden)
- 2 EL dunkle Sojasauce
- 1 Tasse Hühnerbrühe
- 2 EL Tomatenmark
- 4 EL Essig
- 1 TL brauner Zucker
- 2 EL Speisestärke
- Salz, frisch gemahlener Pfeffer

Das Fleisch in mundgerechte Stücke schneiden und in dem Sesamöl anbraten. Herausnehmen und auf Küchenpapier abtropfen lassen. Den Knoblauch fein hacken, die Frühlingszwiebel in dünne Ringe schneiden und beides in dem verbliebenen Öl glasig werden lassen. Die Ananasscheiben in Würfel schneiden und die Lychees, wenn sie frisch sind, schälen und entkernen. Die Melone entkernen und ebenfalls würfeln. Das Obst zu dem Gemüse in die Pfanne geben und ca. 1 Minute umrühren. Nun die Sojasauce, die Hoisinsauce und die Hühnerbrühe dazugeben und alles aufkochen lassen. Tomatenmark, Essig, und Zucker hinzufügen und alles mit der in etwas Wasser angerührten Speisestärke binden. Mit Salz und dem Pfeffer abschmecken, das Fleisch dazugeben und weiter erhitzen, bis das Fleisch warm ist. Sofort servieren.

31. Mariniertes Entenfleisch mit Gemüse

- 500 g Entenfleisch

FÜR DIE MARINADE:
- 2 EL Sojasauce
- 2 EL Reiswein (Asialaden)
- 2 EL Speisestärke
- 1/2 Tasse Wasser

AUSSERDEM:
- 2 rote Chilischoten
- 100 ml Sesamöl (Asialaden)
- 100 g Bambussprossen aus der Dose (Asialaden)
- 5 getrocknete Tongu-Pilze (Asialaden)
- 200 g Zuckerschoten (Gemüsehändler)
- 1 Karotte
- 1 kleines Stück Ingwer
- 2 Frühlingszwiebeln
- 1 Knoblauchzehe
- 2 EL Sesamöl

Die Pilze etwa 30 Minuten in heißem Wasser einweichen. Das Fleisch mit der Haut in mundgerechte Stücke schneiden. Die Zutaten für die Marinade in eine Schüssel geben und glatt verrühren. Das Entenfleisch hineingeben und zugedeckt eine Stunde marinieren. Die Chilischoten waschen, entkernen und in sehr dünne Streifen schneiden. Das Öl in einer Pfanne erhitzen und die Chilischoten darin anbraten. Nun das marinierte Fleisch dazugeben und ebenfalls gut anbraten. Beiseite stellen und warm halten. Die eingeweichten Pilze und die Bambussprossen abtropfen lassen. Die Pilze halbieren und die Bambussprossen in kleine Stücke schneiden. Die Karotte und die Frühlingszwiebeln in Scheiben schneiden. Den Knoblauch und den Ingwer fein hacken. Das Öl in einer Pfanne oder einem Wok erhitzen, den Knoblauch und den Ingwer kurz darin anbraten. Nun das restliche Gemüse hinzufügen, 1 Minute unter ständigem Rühren weiterkochen. Die Hälfte der Gemüsebrühe dazugeben und weiterdünsten lassen.

- 1 EL Speisestärke
- 2 EL Reiswein
- 1/4 l Gemüsebrühe
- 3 EL Sojasauce
- Zucker und frisch gemahlener Pfeffer

Die Speisestärke und den Reiswein zugeben und gut umrühren. Noch ein weiteres Mal aufkochen lassen. Nach und nach die restliche Gemüsebrühe dazugeben und zum Schluss mit Sojasauce, Zucker und Pfeffer abschmecken.

32. Ente mit Brokkoli und Cashewkernen

- 500 g Entenfleisch
- 2 TL Speisestärke
- 2 Frühlingszwiebeln
- 2 Knoblauchzehen
- 1 kleines Stück Ingwer
- 500 g Brokkoli
- Salz
- 2 EL Reiswein (Asialaden)
- 2 EL helle Sojasauce
- 1 Tasse Geflügelbrühe
- 3 EL Sesamöl (Asialaden)
- 100 g Cashewkerne

Das Fleisch in mundgerechte Stücke schneiden, die Speisestärke darüber stäuben und in das Fleisch einreiben. Den Brokkoli in Röschen zerteilen, die Stiele in kleine Stücke schneiden. Salzwasser zum Kochen bringen. Den Brokkoli darin blanchieren, abschrecken und zur Seite stellen. Den Knoblauch und den Ingwer fein hacken. Die Frühlingszwiebeln in dünne Scheiben schneiden. Reiswein, Sojasauce und die Geflügelbrühe miteinander verrühren. Das Sesamöl in einer Pfanne oder einem Wok erhitzen und die Cashewkerne darin anbraten, herausnehmen und auf Küchenpapier abtropfen lassen. In dem restlichen Öl Ingwer und Knoblauch andünsten, das Fleisch dazugeben und unter ständigem Umrühren knusprig anbraten. Mit einer Schaumkelle herausnehmen, damit noch etwas Fett, und zur Seite stellen. Den Brokkoli und die Frühlingszwiebeln in das restliche Öl geben, salzen und andünsten. Die angerührte Sauce dazugeben, einmal aufkochen lassen, das Fleisch und die Nüsse unterheben und heiß werden lassen. Mit Reis servieren.

33. Entenbruststreifen mit Bambussprossen und Karotten

- 500 g Entenbrustfilets
- 100 g Bambussprossen aus dem Glas (Asialaden)
- 3 kleine Karotten
- 3 Frühlingszwiebeln
- 1 kleine rote Chilischote
- 1 Knoblauchzehe
- 3 EL helle Sojasauce
- 3 EL Reiswein (Asialaden)
- 4 EL Öl
- 1 Tasse Geflügelbrühe
- Salz, frisch gemahlener Pfeffer

Das Fleisch und die Bambussprossen in Streifen schneiden. Die Karotten in dünne Scheiben, die Chilischote und die Frühlingszwiebeln in feine Ringe schneiden. Die Knoblauchzehe fein hacken. Öl in einer Pfanne oder in einem Wok erhitzen und das Fleisch unter Rühren gut anbraten. Herausnehmen und auf Küchenpapier abtropfen lassen. Den Knoblauch und die Chilischote in dem verbliebenen Öl andünsten und das restliche Gemüse dazugeben, mit der Geflügelbrühe löschen. Zuerst das Fleisch und dann die Sojasauce und den Reiswein dazugeben, umrühren und mit Salz und Pfeffer abschmecken. Dazu Klebereis servieren.

34. Schweinefleisch mit Gemüse

- 350-400 g mageres Schweinefleisch
- Salz, frisch gemahlener Pfeffer
- 1-2 Knoblauchzehen
- Pflanzenöl
- 300 g Brokkoli
- 200 g Karotten
- 200 g Chinakohl
- 4 TL Sojasauce
- 2 EL Hoisinsauce (Asialaden)
- 1/4 l Gemüsebrühe
- 2 TL Essig
- 1 TL brauner Zucker
- 2 TL Speisestärke

Den Knoblauch sehr fein hacken und mit Salz und Pfeffer zerdrücken, bis eine Paste entsteht. Das Fleisch in Streifen schneiden und mit der Paste bestreichen. Einige Minuten ziehen lassen. Öl in einer Pfanne erhitzen und das Fleisch darin scharf anbraten, herausnehmen und auf Küchenpapier abtropfen lassen. Das Gemüse waschen, den Brokkoli in Röschen teilen, die Karotten und den Chinakohl in Scheiben schneiden. Das übrig gebliebene Fett nochmals erhitzen und das Gemüse darin glasig kochen, mit den Saucen und der Gemüsebrühe löschen und zugedeckt etwa 3-5 Minuten garen. Essig, braunen Zucker und Speisestärke miteinander verrühren und in die Pfanne geben, umrühren und sofort servieren.

35. Geröstetes Schweinefleisch nach Kanton-Art

- 1 kg Schweinefleisch, leicht durchwachsen
- 5 EL Zucker
- 4 EL dunkle Sojasauce
- 1 EL Reiswein (Asialaden)
- 2 EL Hoisinsauce (Asialaden)
- 2 EL Bohnensauce (Asialaden)
- 1 TL Salz
- 2 EL dünnflüssiger Honig

Das Fleisch in 4 Scheiben schneiden, das Fett nicht wegschneiden. Die Scheiben einschneiden, damit die Marinade gut in das Fleisch eindringen kann. Zucker, Sojasauce, Reiswein, Hoisinsauce, Bohnensauce und das Salz zu einer Marinade verrühren und das Fleisch darin 2 Stunden einlegen. Mehrmals wenden. Den Backofen vorheizen. Das Fleisch aus der Marinade nehmen und auf einen Grillrost legen. Im oberen Drittel bei 180 °C 25 Minuten rösten. Die Marinade zur Seite stellen. Es empfiehlt sich, eine Schüssel mit etwas Wasser in den Backofen zu stellen, damit das Fleisch nicht austrocknet. Nach 25 Minuten das Fleisch nochmals mit der Marinade bestreichen und von der anderen Seite ebenfalls 25 Minuten rösten. Das Fleisch aus dem Backofen nehmen und sofort mit Honig bestreichen. Die Marinade erwärmen und als Dip verwenden. Zu dem Fleisch können Sie Reis und eine Gemüsebeilage servieren.

36. Schweinefleisch mit Tongu-Pilzen und Bohnen

- 400 g Schweinefilet
- 1 EL Speisestärke
- 1 EL helle Sojasauce
- 8 getrocknete Tongu-Pilze
- 2 EL Pflanzenöl
- 1 Tasse Sesamöl
- 1 EL Austernsauce (Asialaden)
- 2 TL helle Sojasauce
- 3 TL Reiswein (Asialaden)
- 2 TL brauner Zucker
- Salz, frisch gemahlener Pfeffer
- 200 g grüne Bohnen
- 1 kleines Stück Ingwer
- 1 Knoblauchzehe
- 2 Frühlingszwiebeln
- 3 TL Reiswein
- 4 EL Gemüsebrühe

Die Pilze ca. 30 Minuten in heißem Wasser einweichen. Das Fleisch in mundgerechte Stücke schneiden. Die Speisestärke mit der Sojasauce verrühren und das Fleisch darin 1/2 Stunde marinieren. Die Pilze abschütten, das Wasser auffangen. Die Stiele der Pilze entfernen. 2 EL Öl in einer Pfanne erhitzen und die Pilze darin andünsten. Sojasauce, Austernsauce, Reiswein und Zucker hinzufügen, umrühren und mit Salz und Pfeffer abschmecken. Das Einweichwasser der Pilze dazugeben, bis die Pilze bedeckt sind. Die geputzten Bohnen halbieren, in Salzwasser nicht zu weich kochen und in Eiswasser abschrecken. Knoblauch und Frühlingszwiebeln in dünne Scheiben schneiden, Ingwer sehr fein hacken. Das Sesamöl in einer Pfanne erhitzen und das Fleisch darin gut anbraten, Ingwer, Knoblauch und Frühlingszwiebeln dazugeben und einige Minuten gut umrühren. Mit Salz und Pfeffer würzen. Die Pilze und die Bohnen zu dem Fleisch geben und mit Sojasauce, Reiswein und der Gemüsebrühe löschen und einmal aufkochen lassen. Mit Reis oder asiatischen Nudeln servieren.

37. Chop Suey

FÜR DIE MARINADE:
- 1 EL Speisestärke
- 3 EL Sojasauce
- 1 TL Ingwerpulver
- 1 TL brauner Zucker
- 1 TL Sesamöl

AUSSERDEM:
- 500 g mageres Schweineschnitzel
- 4 getrocknete Mu-Err-Pilze (Asialaden)
- 50 g Bambussprossen aus der Dose (Asialaden)
- 2 Karotten
- 100 g Staudensellerie
- 2 Frühlingszwiebeln
- Öl für die Pfanne
- 75 ml Hühnerbrühe
- 2 EL Reiswein (Asialaden)
- 1 TL Zucker
- 4 EL Sojasauce

Pilze in kaltem Wasser ca. 30 Minuten einweichen. Das Fleisch in dünne Streifen schneiden. Die Zutaten für die Marinade gut verrühren und das Fleisch darin etwa eine halbe Stunde einlegen. Die Karotten und die Frühlingszwiebeln in dünne Scheiben schneiden. Staudensellerie, die abgetropften Bambussprossen (ggf. auch Sojasprossen) und die abgetropften Pilze in Streifen schneiden. Etwas Öl in der Pfanne heiß werden lassen und das Fleisch ohne Marinade scharf anbraten, dann die Marinade dazugeben und umrühren. Das Fleisch herausnehmen und zur Seite stellen. Nochmals etwas Öl in der Pfanne erhitzen und das Gemüse kurz andünsten. Mit der Brühe aufgießen. Das Fleisch zu dem Gemüse geben und aufwärmen. Reiswein, Sojasauce und Zucker miteinander verrühren, in die Pfanne geben und einmal aufkochen lassen. Die Sauce sollte sämig sein. Zum Chop Suey wird Reis gereicht.

GERICHTE MIT SCHWEINEFLEISCH

38. Süß-saures Schweinefleisch

- 400 g Schweinekotelett
- 2 grüne Paprika
- 3 Scheiben Ananas, frisch oder aus der Dose
- Pflanzenöl
- Maisstärke

FÜR DIE MARINADE:
- 1 TL Sojasauce
- 2 TL Maisstärke
- 2 TL Wasser
- 1 Eigelb
- 1/2 TL Salz

ZUM WÜRZEN:
- 5 EL Wasser
- 3 EL Zucker
- 3 EL Apfelessig
- 4 EL Tomatenketchup
- 1 TL Salz
- 1 TL Sesamöl (Asialaden)
- 1 gehäufter EL Maisstärke

Das Fleisch in mundgerechte Stücke schneiden. Die Zutaten der Marinade gut verrühren, mit dem Fleisch vermengen und etwa 1 Stunde zugedeckt im Kühlschrank ziehen lassen. Die Ananas in Stücke, die geputzten Paprika in Würfel schneiden. Die Gewürzzutaten miteinander vermischen. In einer Pfanne das Pflanzenöl erhitzen, es sollte ca. 1 cm hoch in der Pfanne stehen. Maisstärke in einen tiefen Teller geben, das Fleisch darin wälzen und in dem heißen Öl frittieren. Das Öl abgießen und erneut 2 EL Öl in der Pfanne erhitzen. Ananas und Paprika darin anbraten, die Gewürzmischung dazugeben und einmal aufkochen lassen. Das Fleisch dazugeben, verrühren und sofort mit Reis servieren.

39. Schweinefleisch mit Knoblauch und grünen Bohnen

- 400 g Schweinefilet
- 2 TL Speisestärke
- 2 TL Sojasauce
- 4 Knoblauchzehen
- 1 kleines Stück Ingwer
- 2 Frühlingszwiebeln
- 4 EL Pflanzenöl
- 200 g grüne Bohnen
- 1 EL Sesamöl (Asialaden)
- 1 EL Sojasauce
- 2 EL Reiswein (Asialaden)
- 1 TL Zucker
- 1 EL Austernsauce (Asialaden)
- 5 EL Wasser
- Salz, schwarzer Pfeffer aus der Mühle
- 2 TL Sesamöl (Asialaden)
- 2 EL Gemüsebrühe
- 2 EL Reiswein

Das Schweinefleisch in dünne Scheiben schneiden. Die Stärke mit der Sojasauce verrühren und das Fleisch darin eine halbe Stunde marinieren. Den Ingwer fein hacken, den Knoblauch in sehr dünne Scheiben und die Frühlingszwiebeln in Ringe schneiden. Die geputzten Bohnen in 2-3 cm lange Stücke schneiden und in Salzwasser bissfest kochen. In Eiswasser abschrecken, so behalten sie ihre grüne Farbe. Pflanzenöl in einer Pfanne erhitzen. Knoblauch und Ingwer darin anbraten. Die Bohnen und die Frühlingszwiebeln dazugeben und bei geringer Hitze umrühren. Soja- und Austernsauce, 1 EL Sesamöl, 2 EL Reiswein, Wasser und den Zucker unter das Gemüse geben. Aufkochen lassen und mit Salz und Pfeffer abschmecken. Das Gemüse aus der Pfanne nehmen und beiseite stellen. 2 TL Sesamöl in der Pfanne erhitzen und das Fleisch darin anbraten, bis es goldbraun ist. Das Gemüse untermischen, mit Gemüsebrühe und Reiswein ablöschen und nochmals stark erhitzen. Mit Reis servieren.

40. Rindfleisch mit Zwiebeln

- 400 g Rindfleisch

FÜR DIE MARINADE:
- 1 EL Öl
- 1 EL Sojasauce
- 2 TL Reiswein (Asialaden)
- 1 TL Speisestärke
- 1 TL Zucker

AUSSERDEM:
- 4 Zwiebeln
- 4 Frühlingszwiebeln
- Öl
- Salz
- Pfeffer

Rindfleisch quer zur Faser in dünne Streifen schneiden. Die Zutaten der Marinade miteinander verrühren und das Fleisch darin etwa eine halbe Stunde ziehen lassen. Die Frühlingszwiebeln putzen und längs vierteln. Die Zwiebeln schälen, halbieren und in Streifen schneiden. Öl in einer Pfanne erhitzen und die Zwiebeln mit dem Salz anbraten. Frühlingszwiebeln dazugeben, weitere 2 Minuten anbraten und herausnehmen. In der gleichen Pfanne nochmals Öl erhitzen und das Fleisch darin anbraten, bis es braun ist. Mit etwas Salz und Pfeffer würzen. Das Gemüse untermischen und 1 Minute gut umrühren.

41. Sauer-scharfes Rindfleisch mit Sojasprossen

- 300 g Rindfleisch
- 1 kleine Knoblauchzehe
- 300 g frische Sojasprossen (Gemüsehändler)
- 2 TL Sesamöl (Asialaden)
- 100 g eingelegtes, saures chinesisches Gemüse (Asialaden)
- 1 TL Speisestärke
- 1 EL Wasser
- 1 TL Essig
- 1 EL Sojasauce
- 1 EL Reiswein (Asialaden)
- 1 Prise Zucker
- schwarzer Pfeffer aus der Mühle

Das Fleisch in mundgerechte Stücke schneiden. Den Knoblauch fein hacken. Die Sojasprossen waschen und abtropfen lassen. Das eingelegte Gemüse in ein Sieb geben, etwas Flüssigkeit dabei auffangen. Das Öl in einer Pfanne erhitzen, Knoblauch und Sojasprossen andünsten. Das Fleisch dazugeben und weitere 3 Minuten anbraten. Das Gemüse mit der Flüssigkeit dazugeben und umrühren. Die Speisestärke mit Wasser glatt rühren und mit den restlichen Zutaten vermischen. In die Pfanne geben und aufkochen lassen. Sofort servieren.

42. Rindfleisch mit Gemüse

- 400 g Rindfleisch

FÜR DIE MARINADE:
- 1 EL Reiswein (Asialaden)
- 1 TL Zucker
- 1 kleines Stück Ingwer, fein gehackt
- 4 TL Sesamöl (Asialaden)
- 6 EL helle Sojasauce

AUSSERDEM:
- 2 Karotten
- 200 g Staudensellerie
- 1 Gemüsezwiebel
- 1 rote Paprikaschote
- 1 grüne, 1 rote Chilischote
- 2 Knoblauchzehen
- 5 EL Erdnussöl

Fleisch in dünne Streifen schneiden. Die Zutaten der Marinade gut verrühren und mit dem Fleisch vermengen. Etwa 1 Stunde zugedeckt ziehen lassen. Den Knoblauch fein hacken, das geputzte Gemüse und die Chilischoten in dünne Stifte schneiden. 2 EL Erdnussöl in einer Pfanne erhitzen und den Knoblauch mit den Chilischoten darin anbraten. Das restliche Gemüse dazugeben und weitere 3 Minuten braten, dann herausnehmen. Das restliche Erdnussöl in der Pfanne erhitzen und das Fleisch, ohne Marinade, unter häufigem Wenden anbraten. Mit dem Gemüse mischen und mit dem restlichen Öl beträufeln.

43. Hackfleischbällchen süß-sauer

- 500 g Rinderhackfleisch
- 1 kleine Zwiebel
- 1 Ei
- 2 TL Semmelbrösel
- Salz, schwarzer Pfeffer
- 3 EL Sesamöl (Asialaden)

AUSSERDEM:
- 1 grüne, 1 rote, 1 gelbe Paprikaschote
- 3 EL Sesamöl
- 100 g Ananasstücke aus der Dose
- 125 ml Ananassaft
- 125 ml Hühnerbrühe
- 4 TL Essig
- 2 EL Sojasauce
- 2 TL Zucker
- 4 TL Wasser
- 1 TL Speisestärke

Die geschälte Zwiebel sehr fein hacken. Das Hackfleisch mit dem Ei, der Zwiebel, den Semmelbröseln und Salz und Pfeffer vermengen. Aus der Fleischmasse kleine Bällchen formen. Das Öl in einer Pfanne erhitzen und die Hackfleischbällchen darin schön braun braten, herausnehmen und auf Küchenpapier abtropfen lassen. Die geputzten Paprikaschoten in feine Streifen schneiden. Die Ananasstücke in ein Sieb geben, den Saft auffangen. Das Öl in der Pfanne erhitzen und die Paprikastreifen darin andünsten. Die Brühe, den Ananassaft, die Sojasauce, den Essig und den Zucker hinzufügen und einmal aufkochen lassen. Nun die Ananasstücke in die Pfanne geben und umrühren. Die Speisestärke mit dem Wasser glatt verrühren und ebenfalls in die Pfanne geben, ein weiteres Mal aufkochen lassen. Die Hackfleischbällchen mit dem Gemüse vermischen und portionsweise in Schälchen servieren.

44. Chinakohlrouladen

- 4 große Chinakohlblätter
- 300 g Rinderhackfleisch
- 1 kleine Knoblauchzehe
- 1 kleines Stück frischer Ingwer
- 1 grüne Chilischote
- 2 Frühlingszwiebeln
- 1 Ei
- 4 EL Sesamöl (Asialaden)

FÜR DIE SAUCE:
- 2 EL Sojasauce
- 1 EL Speisestärke
- 1 EL Hoisinsauce (Fertigprodukt Asialaden)
- 1 TL Zucker
- Salz, weißer Pfeffer

Die geputzten Chinakohlblätter in kochendem Wasser kurz blanchieren und mit kaltem Wasser abschrecken, zur Seite stellen. Die Knoblauchzehe und den Ingwer schälen und sehr fein hacken. Die geputzten Frühlingszwiebeln und die Chilischote in dünne Ringe schneiden. Das Hackfleisch mit dem Ingwer, dem Knoblauch, den Frühlingszwiebeln, der Chilischote und dem Ei vermengen. Die Chinakohlblätter auf einer Arbeitsfläche ausbreiten. Die Hackfleischmenge in 4 gleiche Teile portionieren und auf die Chinakohlblätter streichen. Aufrollen und, wenn nötig, mit Küchengarn umwickeln. Das Öl in einer Pfanne erhitzen und die Rouladen von allen Seiten goldbraun anbraten. In einem Topf etwas Wasser zum Kochen bringen, ein breites Sieb in den Topf geben (das Sieb darf den Boden nicht berühren). Die Rouladen vorsichtig in das Sieb legen und zugedeckt eine halbe Stunde köchelnd dämpfen. Falls Sie einen Wok besitzen, der einen Dämpfeinsatz hat, benutzen Sie diesen anstelle des Topfes. Die Zutaten der Sauce glatt verrühren und in einem Topf kurz aufkochen lassen, bis sie sämig ist. Die Rouladen auf Tellern mit der Sauce anrichten. Dazu passt Reis.

45. Rindfleisch mit Garnelen

- 4 Riesengarnelen
- 200 g Rindfleisch
- 1 Bund Frühlingszwiebeln
- 1 kleine Lauchstange
- 100 g braune Champignons
- 1 kleines Stück Ingwer
- 1 Knoblauchzehe
- 1/8 l trockener Weißwein
- 3 EL helle Sojasauce
- 2 EL chinesische Chilisauce (Fertigprodukt Asialaden)
- 2 EL Reiswein (Asialaden)
- 1 TL Speisestärke
- 5 EL Pflanzenöl

Die Garnelen säubern, den Darm entfernen. Das Fleisch in feine Streifen schneiden. Den Lauch und die Frühlingszwiebeln gut putzen und bei beiden die dunkelgrünen Enden entfernen. Den Lauch in feine Ringe, die Zwiebeln schräg in Stücke schneiden. Die Pilze vierteln. Den Ingwer und den Knoblauch schälen und sehr fein stiften. Den Weißwein mit der Speisestärke, der Sojasauce, der Chilisauce und dem Reiswein in einer Schüssel glatt verrühren. Zur Seite stellen. 3 EL Öl in einer Pfanne sehr heiß werden lassen und die Garnelen, jeweils 1 Minute pro Seite, anbraten und aus der Pfanne nehmen. Ingwer, Knoblauch und die Pilze unter Rühren in dem verbliebenem Öl braten, ebenfalls herausnehmen. Nun das restliche Öl erhitzen und das Fleisch mit dem Lauch und den Frühlinszwiebeln gut anbraten, bis das Fleisch gar ist. Die Ingwer-Knoblauch-Pilzmischung und die Garnelen dazugeben und umrühren. Die Sauce in die Pfanne gießen, vermischen und aufkochen lassen. Mit Reis servieren.

46. Krabben mit Frühlingszwiebeln

- 350 g geschälte Krabben
- 3 Frühlingszwiebeln
- 1 kleines Stück Ingwer
- 1 Knoblauchzehe
- 1 EL Öl
- 1 1/2 EL Weißwein
- 2 EL Ketchup
- 1/2 TL Zucker
- 1 TL Sojasauce
- 1 TL Speisestärke
- 2 EL Wasser
- 1 Tomate

Die geputzten Frühlingszwiebeln in dünne Ringe schneiden. Den Ingwer und den Knoblauch schälen und in dünne Scheiben schneiden. Öl in einer Pfanne erhitzen und Zwiebeln, Ingwer und Knoblauch darin anbraten. Die Krabben mit 1 EL Weißwein dazugeben und alles etwa 2 Minuten dünsten. Das Ketchup mit dem Zucker, 1/2 EL Weißwein, dem Wasser und der Sojasauce verrühren und zu den Krabben geben. Alles etwa 5 Minuten kochen lassen. Die Speisestärke in die Sauce rühren und einmal aufkochen lassen. Mit Salz und Pfeffer abschmecken. Die Tomate in dünne Scheiben schneiden und die Krabben darauf anrichten.

47. Gebackenes Fischfilet

- 400 g Seelachsfilet
- 4 getrocknete Mu-Err-Pilze (Asialaden)
- Salz
- 1/2 TL frischer, fein geriebener Ingwer
- 1 Eiweiß
- 2 EL Maismehl
- Öl zum Braten

FÜR DIE SAUCE:
- 3 EL Erdnussöl
- 1 zerdrückte Knoblauchzehe
- 3 Frühlingszwiebeln
- 75 ml Hühnerbrühe
- 75 ml Weißwein
- 50 g geschnittene Bambussprossen aus der Dose (Asialaden)
- 1 TL Zucker
- Salz, frisch gemahlener Pfeffer
- 1 EL Speisestärke

Pilze ca. 30 Minuten in heißem Wasser einweichen. Den Fisch in mundgerechte Würfel schneiden, mit dem Ingwer und Salz einreiben. Das Eiweiß in einen tiefen Teller schlagen und den Fisch darin wenden. Die Fischstücke auf einen großen Teller legen. Das Maismehl in ein feines Sieb geben und den Fisch damit bestäuben. Etwas Öl in einer Pfanne erhitzen und den Fisch vorsichtig von beiden Seiten anbraten, bis er eine schöne, braune Farbe angenommen hat. Aus der Pfanne nehmen und warm stellen. Die geputzten Frühlingszwiebeln in Ringe schneiden, die Pilze ausdrücken und die Stiele eventuell entfernen. Die Knoblauchzehe in heißem Erdnussöl anbraten, Frühlingszwiebeln, abgetropfte Bambussprossen und Pilze dazugeben. Ein paar Minuten andünsten. Mit der Hühnerbrühe löschen. Speisestärke mit Zucker, Weißwein Salz und frischem Pfeffer gut verrühren und in die Pfanne zum Gemüse geben. Unter Rühren einmal aufkochen lassen und dann vom Herd nehmen. Den Fisch auf Tellern mit dem Gemüse anrichten. Dazu passt Reis.

48. Zander im Sesammantel

- 4 Zanderfilets à 150 g
- 3 EL Sojasauce
- 3 EL Sherryessig oder Rotwein
- 1 EL Currypulver

FÜR DIE SAUCE:
- 200 g Ananas, frisch oder aus der Dose
- 1 Tomate
- 1 Frühlingszwiebel
- 2 Knoblauchzehen
- 7 EL Sesamöl (Asialaden)
- 1 kleine Dose geschälte Tomaten
- 1 TL gehackte Korianderblättchen (Gemüsehändler)
- 2 TL Zucker
- Salz, schwarzer Pfeffer aus der Mühle

Den Fisch mit kaltem Wasser abwaschen und trocken tupfen. Die Scheiben nebeneinander in eine Auflaufform legen. Sherryessig oder Rotwein mit der Sojasauce und dem Currypulver vermischen, über den Fisch gießen und eine Stunde im Kühlschrank zugedeckt ziehen lassen. Die Tomate anritzen, mit heißem Wasser übergießen, schälen, vierteln und von den Kernen befreien. Wenn Sie Ananas aus der Dose verwenden, diese in ein Sieb schütten und abtropfen lassen. Tomate und Ananas würfeln. Die geputzte Frühlingszwiebel in Ringe schneiden, den geschälten Knoblauch fein hacken. 4 EL Sesamöl in einer Pfanne erhitzen, Frühlingszwiebel und Knoblauch bei schwacher Hitze glasig braten. Zucker, Essig, gehackte Korianderblättchen und Dosentomaten dazugeben, bei starker Hitze kochen, bis die Sauce eingedickt ist. Ananas- und Tomatenwürfel zugeben, aufkochen lassen und mit Salz und Pfeffer abschmecken. Die Sauce warm halten. Mehl auf einen Teller geben. Eiweiße verquirlen und auf einen zweiten Teller, Sesamkörner auf einen dritten Teller geben.

ZUM PANIEREN:
- **Weizenmehl**
- **3 Eiweiß**
- **50 g Sesamkörner**
- **3 EL Sesamöl**

Fischscheiben aus der Marinade nehmen, abtupfen und jeweils zuerst im Mehl, dann im Eiweiß und zum Schluss in den Sesamkörnern wenden. 3 EL Sesamöl in einer Pfanne heiß werden lassen und den Fisch bei geringer Hitze pro Seite etwa 4 Minuten braten. Wenn die Hitze zu stark ist, wird der Fisch trocken und die Sesamkörner zu dunkel. Die Sauce mit dem restlichen Sesamöl verrühren, auf 4 Tellern verteilen und den Fisch darauf anrichten. Dazu passt chinesischer Reis.

49. Garnelen süß-sauer (scharf!)

- 500 g Garnelen
- 3 Knoblauchzehen
- 1 Zwiebel
- 1 rote Chilischote
- Salz, schwarzer Pfeffer

FÜR DIE SAUCE:
- 1 reife Mango
- 1 mittelgroßes Stück Ingwer
- 1 Knoblauchzehe
- Saft einer Zitrone
- 5 EL flüssiger Honig
- 1 EL Sojasauce
- 1 EL Essig
- 50 ml Wasser
- 2 TL Speisestärke
- Pflanzenöl zum Braten
- 1 Salatgurke

Speisestärke mit Wasser, Essig, Sojasauce, Zitronensaft und Honig zu einer glatten Sauce verrühren. Mango schälen, Fruchtfleisch vom Kern lösen und klein würfeln. Knoblauch und Ingwer schälen und fein hacken. Etwas Öl in einer Pfanne heiß werden lassen. Ingwer und Knoblauch darin anbraten, dann die Mangowürfel dazugeben und ca. 2 Minuten gut umrühren. Falls die Mango noch nicht ganz reif, bzw. noch säuerlich ist, 2 TL Zucker dazugeben. Die Sauce dazugeben und köcheln lassen, bis die Mango weich ist. Garnelen säubern. Knoblauchzehen durch die Knoblauchpresse drücken. Chilischote entkernen und in dünne Streifen schneiden. Zwiebel fein würfeln. Öl in einer Pfanne erhitzen, Chilischote, Knoblauch und Zwiebel unter Rühren glasig werden lassen. Garnelen dazugeben und anbraten, bis sie gar sind. Die Sauce dazugeben und gut umrühren. Salatgurke in Scheiben schneiden, auf Tellern verteilen und die Garnelen mit Sauce daran anrichten.

50. Gebackener Karpfen mit Ingwersauce

- 1 küchenfertiger Karpfen
- 3 TL Salz
- 1/2 Tasse Mehl
- Pflanzenöl

FÜR DIE SAUCE:
- 100 g Speck
- 2 Karotten
- 100 g Sellerie
- 1 Lauchstange
- 2 Knoblauchzehen
- 1 TL Salz
- 1 Stück Ingwer, 2-3 cm
- 2 EL Honig
- 2 EL Sojasauce
- 3 EL Essig
- 1 Tasse Hühnerbrühe
- 1 EL Speisestärke
- Salz, schwarzer Pfeffer

Den Speck in feine Würfel schneiden. Das Gemüse putzen und in dünne Stifte schneiden. Den Ingwer fein hacken, den Knoblauch in 1 TL Salz zerdrücken. Den Karpfen an beiden Seiten mehrmals mit einem Messer schräg einschneiden. Innen und außen mit Salz einreiben und dann im Mehl wenden. Öl in einer hohen Pfanne erhitzen, den Fisch darin unter Wenden anbraten, herausnehmen und warm stellen. In dem übrig gebliebenen Öl den Speck braten, das Gemüse dazugeben und 1 Minute gut umrühren. Knoblauch, Ingwer, Essig, Sojasauce und Honig unterrühren. Speisestärke und Hühnerbrühe verrühren und in die Pfanne geben. Nochmals umrühren und mit Salz und Pfeffer abschmecken. Den Fisch auf das Gemüse legen und zugedeckt bei geringer Hitze einige Minuten garen. Den Fisch in einer Form oder einem großen Teller mit der Sauce und dem Gemüse anrichten.

Dazu passen Reis oder chinesische Nudeln.

51. Gebratene Banane mit Kokosnuss und Kiwisauce

- 4 Bananen
- 2 Päckchen geraspelte Kokosnuss
- 4 reife Kiwis
- 8 EL Sahne
- 4 EL Honig
- 5 EL Pflanzenöl

Die Bananen dritteln. Kokosnussraspel in einen tiefen Teller geben und die Bananenstücke darin wenden. Die Kiwis schälen und pürieren, die Sahne und den Honig dazugeben und gut verrühren. Das Öl in einer Pfanne erhitzen und die Bananenstücke darin goldgelb braten. Aus der Pfanne nehmen und auf Küchenpapier abtropfen lassen. Portionsweise mit der Kiwisauce anrichten.

52. Gebackene Honigbananen

- 4 Bananen
- 5 EL Mehl
- 1/2 TL Backpulver
- 1 Prise Salz
- 2 Eier
- Saft einer halben Zitrone
- 5 EL Honig
- 3 EL Sesamsamen
- Öl zum Frittieren

Das Mehl mit dem Backpulver, den Eiern und dem Salz zu einem dickflüssigen Teig verrühren. Eventuell etwas Wasser zufügen. Den Teig 15 Minuten ruhen lassen. Die geschälten Bananen mit dem Zitronensaft beträufeln. Das Öl in einer Pfanne erhitzen. Die Bananen in den Teig tauchen und im heißen Fett goldbraun frittieren. Auf Küchenpapier abtropfen lassen. Den Honig in einer Pfanne mit den Sesamsamen erhitzen und die Bananen darin wenden. Die Bananen sollten möglichst sofort serviert werden.

53. Mandelspeise

- 600 ml Wasser
- 150 ml Kondensmilch
- 10 g Agar-Agar oder 25 g Gelatinepulver
- 4 EL Zucker
- 1 TL Mandelaroma
- 1 Glas Kirschen oder 1 Dose Fruchtsalat

Agar-Agar mit 300 ml Wasser und den Zucker mit dem restlichen Wasser in getrennten Töpfen bei schwacher Hitze auflösen (Gelatine nach Packungsanleitung zubereiten). Mit Kondensmilch und Mandelaroma in einer großen Schüssel zusammengießen und gut verrühren. Die Mandelspeise ca. eine halbe Stunde abkühlen lassen und dann im Kühlschrank 2-3 Stunden gelieren lassen. Die Mandelspeise in Würfel schneiden und mit dem Obst und dem Obstsaft in Schälchen anrichten.

54. Gedünstete Apfelspalten mit Mangosauce

- 3 säuerliche Äpfel
- 1 Tasse Apfelsaft
- 1 Msp. Zimtpulver
- einige Tropfen Vanillearoma

FÜR DIE SAUCE:
- 4 EL Sahne
- 1 reife Mango
- 1 TL brauner Zucker
- 1 TL Zitronensaft
- 1 Bd. frische Minze

Die Äpfel schälen, das Kerngehäuse entfernen und in Spalten schneiden. Die Apfelspalten in einen Topf geben, Apfelsaft, Zimtpulver und Vanillearoma dazugeben und die Äpfel darin dünsten, bis sie weich sind. Topf vom Herd nehmen. Die Mango schälen und entkernen. Das Fruchtfleisch pürieren und mit der Sahne hochschlagen. Den Zucker hinzufügen und vorsichtig unterrühren. Die Äpfel auf Tellern anrichten, mit Zitronensaft beträufeln, die Sauce darüber geben und mit Minzeblättern verzieren.

55. Mandarinencreme

- 1 unbehandelte Orange
- Saft von 6 Mandarinen
- 1/2 TL Ingwerpulver
- 200 g Tofu (Reformhaus oder Asialaden)
- 2 Zwieback
- 3 cl Orangenlikör
- 2 EL Honig
- 125 ml Schlagsahne
- 1 Päckchen Vanillezucker

Die Schale der Orange abreiben und zur Seite stellen. Die Orange filetieren, die Hälfte der Orange klein schneiden, die restlichen Scheiben zum Dekorieren aufheben. Den Tofu abtropfen lassen und mit einer Gabel zerdrücken. Zwieback in kleine Teile teilen. Tofu und Zwieback mit einem Mixer cremig rühren, nach und nach den Mandarinensaft, Likör, das Ingwerpulver und den Honig dazugeben. Die Creme 2-3 Stunden kalt stellen. Die Sahne mit dem Vanillezucker steif schlagen und dann die Orangenschale unterheben. Nun die Mandarinencreme auf Tellern verteilen und mit den Orangenscheiben und der Orangensahne anrichten.

Kleines Format, große Rezepte: *Aldidente mini*

3-8218-4821-9

3-8218-4854-5

3-8218-4853-7

3-8218-3753-5

3-8218-4850-2

3-8218-4851-0

Jeder Band
broschiert · 64 Seiten
€ 2,99 (D) · sFr 5,90

 Eichborn.
Kaiserstraße 66
60329 Frankfurt
Telefon: 069 / 25 60 03-0
Fax: 069 / 25 60 03-30
www.eichborn.de

Wir schicken Ihnen gern ein Verlagsverzeichnis.